T0112983

Mashkikiiwikweg miinawaa Mashkikiiwininiwag

Percy Leed

**Gaa-anishinaabewisidood
Chato Ombishkebines Gonzalez**

Lerner Publications ◆ Gakaabikaang

Ininiwag miinawaa Ikwewag

Gaawiin izhisijigaadesinoon ojibwemowin ezhisijigaadeg zhaaganaashiimowin. Mii iko aabajichigaadeg ikwe eshkwesing da-dazhinjigaazod a'aw dinowa enanokiid, aanawi go inini gemaa gaye ikwe aawi. Gaawiin nawaj apiitendaagozisiin a'aw ikwe apiish a'aw inini anishinaabewiyang.

Ezhisijigaadeg yo'ow Mazina'igan

Mashkikiiwikweg

Onaadamawaawaan bemaadizinijin da-minomanji'onid.

Onaadamawaawaan
bemaadizinijin aakozinid
gemaa gaye wiisagendaminid.

Wiidanokiindiwag ingiw mashkikiiwikweg miinawaa mashkikiiwininiwag.

Aanind ganawendaawasowag.
Aanind oganawenimaawaan
iniw gaa-ondaadiziikenijin.

Awenenan gaye nayaadamawaawaajin ingiw mashkikiiwikweg?

9

Aanind dazhi-anokiiwag gikinoo'amaadiiwigamigong. Onaadamawaawaan iniw gikinoo'amaaganan ayaakozinijin.

Aabajichiganan odaabajitoonaawaan.

apiitaabikisijigan

Mii i'iw aabajichigan
enaabadak da-gikenimind
awiya giishpin gizhizod.

Aaningodinong obajiishka'waawaan iniw nayaadamawaawaajin.

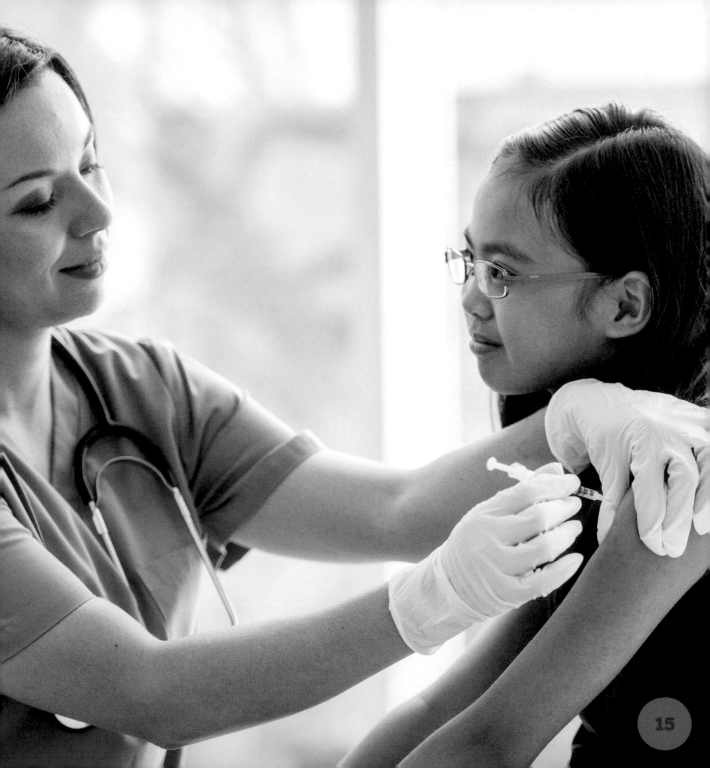

Aaningodinong obiizikaanaawaa gibidoonejaanepizon miinawaa minjikaawanag. Onaadamaagon awiya i'iw baazikang da-aakoziishkaagosig gegoo.

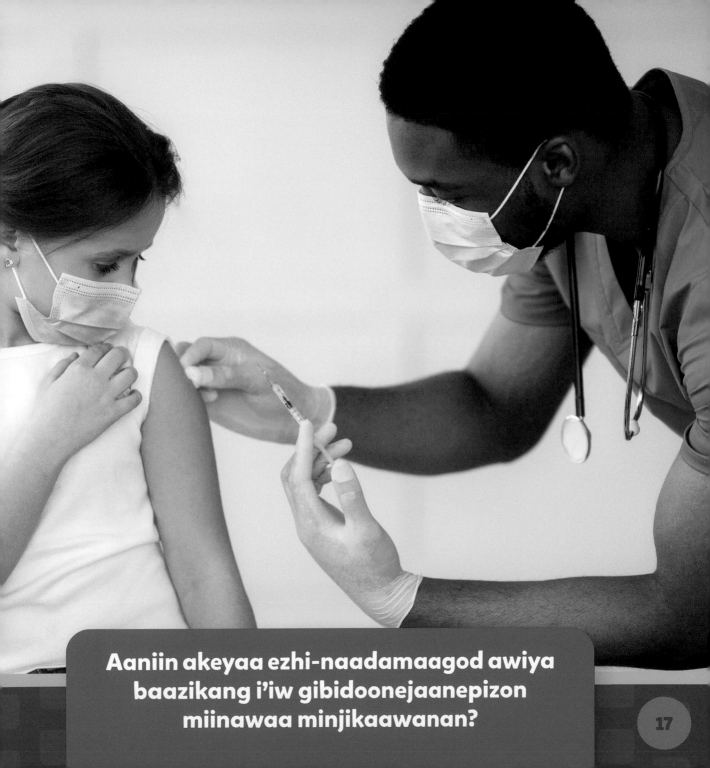

Aaniin akeyaa ezhi-naadamaagod awiya baazikang i'iw gibidoonejaanepizon miinawaa minjikaawanan?

17

Ginwenzh gikinoo'amaagoziwag ingiw mashkikiiwikweg.

Aaniish wenji-gikinoo'amaagoziwaad ingiw mashkikiiwikweg?

Aanoodiziwag ingiw mashkikiiwikweg da-naadamaagewaad!

Gikendaasowinan!

Aaniish wenji-minwenimadwaa ingiw mashkikiiwikweg?

Aaniin akeyaa ge-izhi-naadamook a'aw mashkikiiwikwe?

Giwii-mashkikiiwikwew ina gichi-aya'aawiyan?

Ezhi-wiiji'iweyang miinawaa Enamanji'oyang

Apiitendaagwadini awiya i'iw akeyaa ezhi-gikinoo'amaagozid da-apiitenindizod maadagindaasod. Gagwejim egindaasod enendang:

Awegonen gaa-maamawi-minwendaman gii-agindaman yo'ow mazina'igan?

Awegonesh gekendaman azhigwa gaa-agindaman yo'ow mazina'igan?

Gimikwenimaa ina awiya nayaadamaaged megwaa agindaman yo'ow mazina'igan?

Mazinaakizonan

bajiishka'waa

gibidoonejaanepizon

mashkikiiwinini

minjikaawanag

Agindan onow

Kaiser, Brianna. *All about Nurses*. Minneapolis: Lerner Publications, 2023.

Murray, Julie. *Nurses*. Minneapolis: Abdo Kids, 2021.

Waxman, Laura Hamilton. *Nurse Tools*. Minneapolis: Lerner Publications, 2020.

Ikidowinan

Mazinaakizonan Gaa-ondinigaadeg

Nimbagidinigonaanig da-aabajitooyaang onow mazinaakizonan omaa mazina'iganing ingiw: © andresr/iStockphoto, pp. 4–5; © monkeybusinessimages/iStockphoto, p. 6; © LumiNola/iStockphoto, pp. 7, 23 (top left); © SDI Productions/iStockphoto, pp. 8–9, 13, 18–19, 23 (top right); © Brian Eichhorn/Shutterstock Images, pp. 10–11; © FatCamera/iStockphoto, pp. 12, 14–15, 23 (bottom right); © Prostock-studio/Shutterstock Images, pp. 16–17, 23 (bottom left); © Drazen Zigic/iStockphoto, p. 20. Cover Photograph: © Halfpoint/Shutterstock Images. Design Elements: © Mighty Media, Inc.

Odibendaan Lerner Publications, Lerner Publishing Group, Inc.
241 First Avenue North
Gakaabikaang 55401 USA

Nanda-mikan nawaj mazina'iganan imaa www.lernerbooks.com.

Mikado a Medium izhinikaade yo'ow dinowa ezhibii'igaadeg.
Hannes von Doehren ogii-michi-giizhitoon yo'ow dinowa ezhibii'igaadeg.

ISBN 979-8-7656-4953-4 (PB)

Library of Congress Cataloging-in-Publication Data

The Cataloging-in-Publication Data for the English version of *Nurses: A First Look* is on file at the Library of Congress

ISBN 979-8-7656-2644-3 (lib. bdg.)
ISBN 979-8-7656-3692-3 (epub)

Nanda-mikan yo'ow mazina'igan imaa https://lccn.loc.gov/2023035553
Nanda-mikan yo'ow waasamoo-mazina'igan imaa https://lccn.loc.gov/2023035554

Gii-ozhichigaade Gichi-mookomaan-akiing
1-1010587-53594-3/29/2024